让孩子幸福的□□

你有一个
超级宇宙

王玉正◎编著

［克罗地亚］安娜·萨洛佩克◎绘

明天出版社·济南

图书在版编目（CIP）数据

你有一个超级宇宙 / 王玉正编著 ；（克罗）安娜·萨洛佩克绘 . — 济南：明天出版社，2022.10
（让孩子幸福的哲学：精选版）
ISBN 978-7-5708-1577-7

Ⅰ . ①你… Ⅱ . ①王… ②安… Ⅲ . ①哲学 – 儿童读物 Ⅳ . ① B-49

中国版本图书馆 CIP 数据核字 (2022) 第 149347 号

RANG HAIZI XINGFU DE ZHEXUE JINGXUAN BAN

让孩子幸福的哲学（精选版）

NI YOU YI GE CHAOJI YUZHOU

你有一个超级宇宙

王玉正　编著　　[克罗地亚] 安娜·萨洛佩克　绘

出版人　傅大伟
选题策划　冷寒风
责任编辑　张　扬
特约编辑　尹丽颖
项目统筹　胡婷婷
美术编辑　赵孟利
版式统筹　吴金周
封面设计　段　瑶
出版发行　山东出版传媒股份有限公司
　　　　　　明天出版社
地址　山东省济南市市中区万寿路19号

http://www.sdpress.com.cn　　http://www.tomorrowpub.com
经销　新华书店　　**印刷**　鸿博睿特（天津）印刷科技有限公司
版次　2022年10月第1版　　**印次**　2022年10月第1次印刷
规格　720毫米×787毫米 12开 3印张
ISBN 978-7-5708-1577-7　　**定价** 18.00元

目录

致
娃爸
娃妈

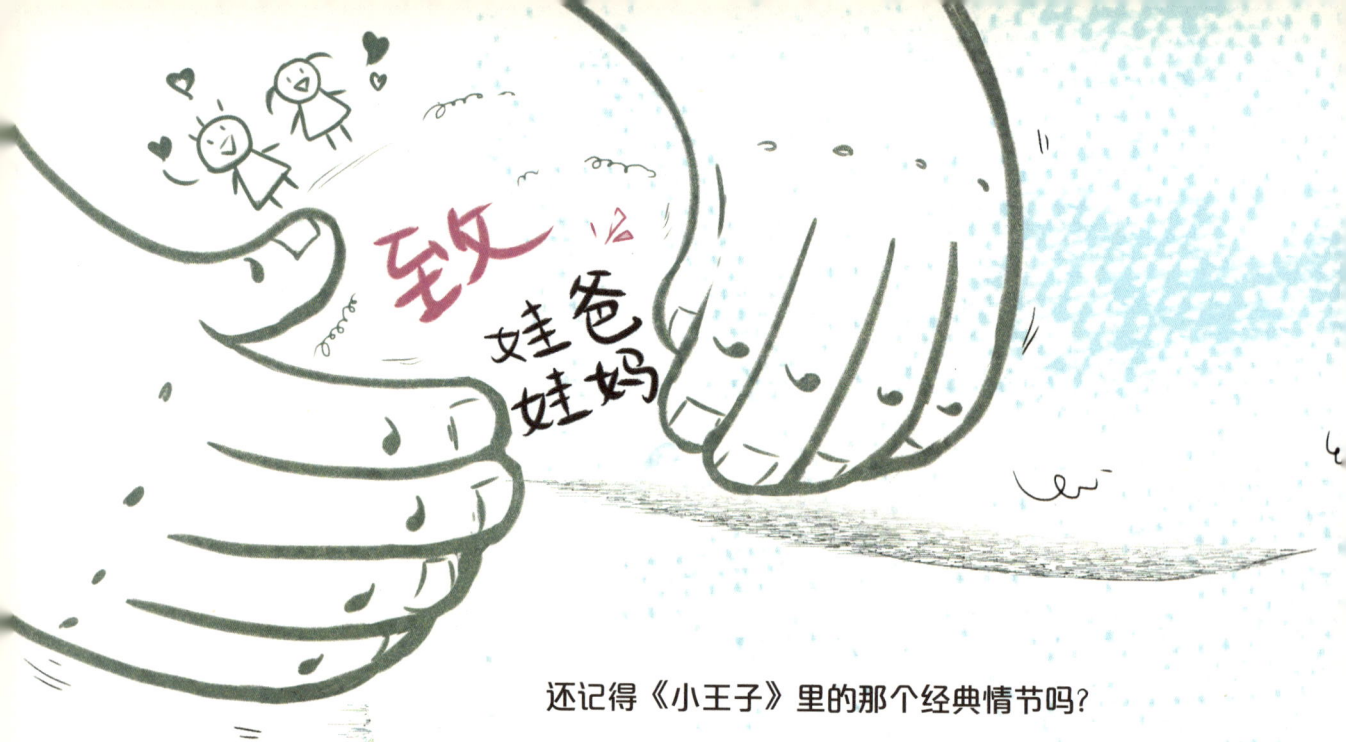

还记得《小王子》里的那个经典情节吗？

一个孩子拿着一幅画问大人："瞧，我的画吓不吓人？"

大人说："一顶帽子有什么可怕的？"

孩子说："我画的不是帽子，而是一条巨蟒正在消化一头大象！"于是，他又将巨蟒肚子里的大象画了出来，以便让大人们能够看懂……

大人的想象力去哪儿了呢？是被时间偷走了吗？

小时候望见漫天的白云，我们说那是飘在空中的棉花糖。长大后，还是望见漫天的白云，我们却只会说："今天天上有好多云哪！"

也许这一切并不能归咎于时间。在我们的成长过程中，总有很多大人不停地对我们说这说那，以权威的姿态指导我们如何长大成人，可是他们都忘了：想象力是很宝贵的，长大成人并不意味着我们需要扔掉它。

《装满整个世界的句子》这个故事的价值就在于此——它告诉孩子："你可以大胆想象、带着想象力一起长大，你可以在想象的世界里找到快乐，也许你还可以将世界变成想象中的样子，或者将想象中的事物变为现实哟！"

像哲学家一样思考
什么是想象力

想象力就像发面用的酵母粉，能把普通的面粉变成美味的蛋糕。

想象力能让你拥有神奇的力量，将不可能变成可能……

想象力可以把一些平凡的事变得不平凡。

浴缸里的泡泡可能是透明的小鱼吐出的牛奶味泡泡糖……

有时，想象力还能带给你奇妙的点子——瞧，当你用画笔画出它时，它就有了生命。

一个人待着很无聊，突然一只翼龙飞了过来，虽然只有你能看得到它，但它可能是世界上最棒的伙伴……

想象力还创造了很多世界上原本不存在的美好事物，如建筑、名画、小说，以及各种新奇古怪的发明……

不用妈妈同意，想象力也能把闷在房间里练琴的你带到船上，让你做个征服海洋的舵手……

装满整个世界的句子

以前，世界上是没有标点符号的，人们写出来的文字和现在大不相同——

要么没有停顿，让人读到喘不上气；

要么让人笑到肚子疼；

要么让人越读越生气，最后发现是误会一场；

要么让人完全读不懂，一个劲儿地抱怨"他到底在说什么嘛"。

下雨天留客

天留我不留

为此，人们感到很头疼，直到标点符号诞生。

标点符号给文字立了规矩。之后，人们读起文字来，觉得顺畅多了。

为了表示感谢，人们用文字记录了标点符号的使用方法，让它们得以流传。

画一个
哲学小标点

没有规矩，不成方圆。规矩就像斑马线和红绿灯，如果缺失，生活就会乱成一锅粥。

看！逗号小姐来了，她喋喋不休地说着什么，总也停不下来。天哪，逗号小姐也太能说了，谁能让她停下来？

原来，逗号小姐是一粒种子发出的嫩芽，她正不停地说着"我要长大"。

咕噜咕噜，咕噜咕噜……

句号先生正在靠近逗号小姐。

但巨大的响声丝毫没有影响到她，

她依旧自顾自地说话。

会表达是一件很了不起的事。喜欢与不喜欢，高兴与不高兴，都可以表达出来，但适可而止很重要。

画一个

哲学小标点

句号先生是一个正在赶路的车轮，他想要制止逗号小姐说下去，却因为跑得太快了，差点撞到她。逗号小姐被吓出了一身冷汗，她的说话声终于停了下来。

不远处，很老很老的问号爷爷正弯曲着身体倚靠着一棵大树，他把手放在耳边，似乎在认真地听着什么。不过他好像不是在听车轮声，那他到底在听什么？

画一个

音学小桃点

当有人制止我们的言行时，也许我们需要反省一下。学会为自己的行为负责，这种体验会让你感觉很棒。

13

砰——
从很远很远的地方传来一声巨响。
远远地听上去，这响声很像重重的叹息声。

即使手里只有一块小石头，你也可以把它想象成珠穆朗玛峰。有时候，打破规则、自由想象，新点子很快就诞生了。

画一个

哲学小橡点

伴随着巨响，高空中星星点点地冒出来一些闪闪发亮的烟花屑。

这巨响是烟花的声音？不对，应该是叹号哥哥发出的声音。

那么，那些闪闪发亮的东西真的是烟花屑吗？

画一个

哲学小标点

人生中有很多美好的事物，也有很多小缺憾。

很快，一群小不点儿从天而降——
原来，是顿号弟弟们！

顿号弟弟们好像一粒粒芝麻，数量可真不少。

戴着眼镜的冒号妹妹开心地数了起来："1个，2个，3个……"

1个

2个

3个

画一个

哲学小栈点

在你的眼中，一切都是那么地新奇有趣。童年的趣事，也像那满天的星斗，数也数不清。

再仔细瞧一瞧——跑过来的冒号妹妹其实是小男孩脚下的足球和足球每次落地时在地面上留下的圆影子。

画一个

哲学小标点

乐观就是即使此刻你被乌云拦住了去路，你也坚信，太阳就在乌云的背后。

影子可真好玩！双引号小姐也玩起了自己的影子。

一不留神，双引号小姐钻进了小溪里。瞧！双引号小姐和她的影子变成了四只小蝌蚪，她们正在寻找跟自己长得一样的蝌蚪妈妈。

一个硕大的浅紫色怪兽突然拦住了小蝌蚪们，吓得她们直哆嗦。

原来，怪兽是破折号叔叔。他说："这里可没有你们的妈妈哟！"

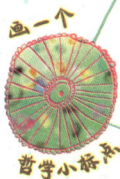

画一个
哲学小怪兽

小蝌蚪的妈妈竟然不是大蝌蚪，世界真奇妙！你原本以为世界是这样的，而世界却是那样的。

仔细一看，破折号叔叔竟然跑到了一座小桥上，还在河里投下了一个可怕的倒影！

画一个

哲学小探鱼

你听过盲人摸象的故事吗？要想知道事物的真实情况，那就多换几个角度看一看吧。

啪嗒，啪嗒，啪嗒……

省略号老奶奶慢慢悠悠地走过小桥，吓得小桥直哆嗦。

小桥上留下了一串串省略号老奶奶的脚印。

　　脚印一个接着一个，圆圆的，一直延伸到不远处的森林里……

"带上我吧！"
"带上我吧！"
其他的标点符号齐声喊道。他们踩着省略号老奶奶的脚印，快步赶上前去，一起消失在森林里。

也许，你的心中住着一位大人物，无论他做什么，你都想要仿效。榜样的力量是无穷的。

画一个
哲学小标点

有时候，没有答案也是一种答案。人生充满了未知，所以才更有趣，不是吗？

人们找遍了所有地方，也没有找到标点符号的影子，它们到底去哪儿了？

　　直到有一天，人们来到图书馆，翻开一本书。

　　"咦？原来你们在这里呀！"

　　标点符号是怎么跑到书里的？这也太神奇了。

　　现在，人们在阅读一本书、一张报纸或一份宣传单时，总是能看到逗号小姐、句号先生、问号爷爷、叹号哥哥、顿号弟弟、双引号小姐、冒号妹妹、破折号叔叔，以及省略号老奶奶。

想象力都是好的吗

想象力有好也有坏，就像流星一样，不只能给你带来美丽的风景，有时还可能在你家的院子里砸出个坑……

想象力有时会让我们感到不安……

妈妈，瞧，窗帘又动了！那可不是风，肯定有一只怪物藏在那里，想趁机吓我一跳。

爸爸妈妈在吵架，是不是因为喵喵今天又淘气了呢？它肯定往妈妈从埃及带回来的那只漂亮的瓶子里撒尿了，妈妈因此责怪爸爸没有看好它。我抱着喵喵，心里有点害怕。

他又一次假装没看见我，他一定不想和我做朋友！哦，原来他是近视眼，很巧的是，两次见面时他都忘了戴眼镜。

"小朋友，你垒的城堡实在太壮观了！"

"嘿嘿，这是我和我的恐龙朋友一起做的。"

如果我们过度地沉迷于自己的想象，我们可能会很难认清现实。

有人总是把流水声想象成尿尿声……

"呜呜呜，妈妈，我又尿裤子了！"

总之，想象力是一种需要我们掌控的能力。它是敌是友，得看我们如何运用它！

像哲学家一样思考
想象力有什么用

**想象力有什么用呢？
快用你的小脑瓜想一想。**

想象力能让玫瑰闻起来更香，还是能让巧克力吃起来更甜？

或许，想象力还真的能发挥出各种各样奇妙的作用呢。

即使在自己的房间里，也没有什么能拦住你，因为你拥有想象力。虽然想象力不能为你造出一辆真的宇宙飞船，但是只要你愿意，你就能在一秒钟内跑到南极，说不定还能和企鹅一起吃冰激凌呢。

当你感到沮丧或无聊时，制服"内心小恶魔"的方法就是发挥想象力。你可以给自己造一个朋友，比如一只瓢虫或一只小恐龙。这个特殊的朋友可以陪你做游戏，陪你说悄悄话，还可以陪你去做你从来不敢挑战的事情。

当然，想象力也能帮我们实现梦想。如果你是一个发明家，想为爸爸妈妈制作一辆可以飞的车子，那你就要好好思考一下了……不过，如果要造出这样的车子，你首先要好好学习。

想象力还能帮你交到好朋友。在你想跟某个小朋友玩耍的时候，其实你已经开始想象你们一起玩变形金刚的有趣画面了。这样的想象也许会让你鼓起勇气走到他面前说："嗨，愿意去我家玩吗？"

想象力是如何膨胀的

　　我们每个人生来就具备想象力，有些人很善于想象，而有些人却很难开动脑筋。不过别担心，即使你的想象力没有那么强也没关系——想象力就跟算数一样，也需要我们多加练习。

　　比如，你可以找来一块石头，将它想作是某只恐龙掉下的牙齿。接下来，你可以想象一下，石头里面会不会住着一个小精灵？

现在你的想象力开始膨胀了，对不对？是不是感到很有趣？

然后，你可以选一个更复杂的东西做练习，比如想象一下：你家的猫咪在你晚上睡着了以后会做些什么？也许它会跑到街上跟好友说悄悄话；也许它失眠了，只能靠数你的头发或鼻毛来打发时间……数着数着，它终于睡着了。

你还可以拿许多东西来做练习，比如一个神秘的脚印或妈妈的笑容。

生病时，你可以想象自己是正在丛林里狂奔的霸王龙，想去哪里就去哪里。哭泣时，你可以想象自己是美人鱼，流下的眼泪都化作了珍珠。赛跑时，你可以将自己想象成矫健的猎豹，没有哪个对手是你超越不了的。瞧，有了想象力，生活便有了绚丽的光彩。

你的想象力也有想象力，
它在想……